My Joyful Journey Journal: A 30-day Journal for Young Adventurers

"Rainbow Mountains Edition"

Cover Photo Designed by Chavah Eppic
Journal Layout by Chavah & Lydia K. Eppic

For permissions contact: hello@lydiaeppic.com

ISBN: 979-8-2180684-9-3

First Edition published October 2022

Property of the Amazing

....

First Name

....

Last Name

....

If found, call:

Every day,
remember that you are:

Bright
Wonderful
Unique
Loved

You are amazing and
created to do great
things!!

– Chavah E. & Lydia E.

Date: _____ / _____ / _____

Today I am grateful for...

1.

2.

3.

4.

I am...

Doodle of the Day

My goals for today:

☐ 1. ....

☐ 2. ....

☐ 3. ....

Time	Activity
:	
:	
:	
:	
:	
:	
:	
:	
:	

Remember to...	Today I played...
☐	
☐	
☐	
☐	
☐	
☐	

NOTES

NOTES

Date: _____ / _____ / _____

Today I am grateful for...

1.

2.

3.

4.

I am...	Doodle of the Day

My goals for today:

☐ 1. ....

☐ 2. ....

☐ 3. ....

Time	Activity
:	
:	
:	
:	
:	
:	
:	
:	
:	
:	

Remember to...

☐ ....

☐ ....

☐ ....

☐ ....

☐ ....

☐ ....

Today I played...

NOTES

NOTES

Date: _____ / _____ / _____

Today I am grateful for...

1.

2.

3.

4.

I am...	Doodle of the Day

My goals for today:

☐ 1. ....

☐ 2. ....

☐ 3. ....

Time	Activity
:	
:	
:	
:	
:	
:	
:	
:	
:	
:	

Remember to...

☐ ....

☐ ....

☐ ....

☐ ....

☐ ....

☐ ....

Today I played...

NOTES

NOTES

Date: _____ / _____ / _____

Today I am grateful for...

1.

2.

3.

4.

I am...

Doodle of the Day

My goals for today:

☐ 1. ....

☐ 2. ....

☐ 3. ....

Time	Activity
:	
:	
:	
:	
:	
:	
:	
:	
:	

Remember to...	Today I played...
☐	
☐	
☐	
☐	
☐	
☐	

NOTES

NOTES

Date: _____ / _____ / _____

Today I am grateful for...

1.

2.

3.

4.

I am...	Doodle of the Day

My goals for today:

- [ ] 1. ....
- [ ] 2. ....
- [ ] 3. ....

Time	Activity
:	
:	
:	
:	
:	
:	
:	
:	
:	
:	

Remember to...

- [ ]
- [ ]
- [ ]
- [ ]
- [ ]
- [ ]

Today I played...

NOTES

NOTES

Date: _____ / _____ / _____

Today I am grateful for...

1.

2.

3.

4.

I am...	Doodle of the Day

My goals for today:

- [ ] 1. _____
- [ ] 2. _____
- [ ] 3. _____

Time	Activity
:	
:	
:	
:	
:	
:	
:	
:	
:	
:	

Remember to...	Today I played...
[ ]	
[ ]	
[ ]	
[ ]	
[ ]	
[ ]	

NOTES

NOTES

Date: ·   /   /

1.

2.

3.

4.

I am...	Doodle of the Day

☐ 1. ....

☐ 2. ....

☐ 3. ....

Time	Activity
:	
:	
:	
:	
:	
:	
:	
:	
:	
:	

Remember to...	Today I played...
☐	
☐	
☐	
☐	
☐	
☐	

NOTES

NOTES

Date: _____ / _____ / _____

Today I am grateful for...

1.

2.

3.

4.

I am...	Doodle of the Day

My goals for today:

- [ ] 1. ....
- [ ] 2. ....
- [ ] 3. ....

Time	Activity
:	
:	
:	
:	
:	
:	
:	
:	
:	
:	

Remember to...

- [ ]
- [ ]
- [ ]
- [ ]
- [ ]
- [ ]

Today I played...

NOTES

NOTES

Date: _____ / _____ / _____

Today I am grateful for...

1.

2.

3.

4.

I am...	Doodle of the Day

My goals for today:

☐ 1. ....

☐ 2. ....

☐ 3. ....

Time	Activity
:	
:	
:	
:	
:	
:	
:	
:	
:	
:	

Remember to...

☐

☐

☐

☐

☐

☐

Today I played...

NOTES

NOTES

Date: _____ / ___ / _____

1.

2.

3.

4.

I am...

Doodle of the Day

My goals for today:

☐ 1. ....

☐ 2. ....

☐ 3. ....

Time	Activity
:	
:	
:	
:	
:	
:	
:	
:	
:	
:	

Remember to...

☐
☐
☐
☐
☐
☐

Today I played...

NOTES

NOTES

Date: _____ / _____ / _____

Today I am grateful for...

1.

2.

3.

4.

I am...	Doodle of the Day

My goals for today:

- [ ] 1. ....
- [ ] 2. ....
- [ ] 3. ....

Time	Activity
:	
:	
:	
:	
:	
:	
:	
:	
:	
:	

Remember to...	Today I played...
[ ]	
[ ]	
[ ]	
[ ]	
[ ]	
[ ]	

NOTES

NOTES

Date: _____ / ___ / _____

Today I am grateful for...

1.

2.

3.

4.

I am...	Doodle of the Day

☐ 1. ....

☐ 2. ....

☐ 3. ....

Time	Activity
:	
:	
:	
:	
:	
:	
:	
:	
:	
:	

Remember to...

☐ ....

☐ ....

☐ ....

☐ ....

☐ ....

☐

Today I played...

NOTES

NOTES

Today I am grateful for...

1.

2.

3.

4.

I am...	Doodle of the Day

My goals for today:

- ☐ 1. ....
- ☐ 2. ....
- ☐ 3. ....

Time	Activity
:	
:	
:	
:	
:	
:	
:	
:	
:	
:	

Remember to...	Today I played...
☐	
☐	
☐	
☐	
☐	
☐	

NOTES

NOTES

Today I am grateful for...

1.

2.

3.

4.

I am...

Doodle of the Day

☐ 1. ....

☐ 2. ....

☐ 3. ....

Time	Activity
:	
:	
:	
:	
:	
:	
:	
:	
:	
:	

Remember to...	Today I played...
☐	
☐	
☐	
☐	
☐	
☐	

NOTES

NOTES

Date: _____ / _____ / _____

1.

2.

3.

4.

I am...	Doodle of the Day

My goals for today:

- [ ] 1.
- [ ] 2.
- [ ] 3.

Time	Activity
:	
:	
:	
:	
:	
:	
:	
:	
:	
:	

Remember to...

- [ ]
- [ ]
- [ ]
- [ ]
- [ ]
- [ ]

Today I played...

NOTES

NOTES

Date: _____ / _____ / _____

1.

2.

3.

4.

I am...

Doodle of the Day

My goals for today:

- [ ] 1. ....
- [ ] 2. ....
- [ ] 3. ....

Time	Activity
:	
:	
:	
:	
:	
:	
:	
:	
:	
:	

Remember to...	Today I played...
[ ]	
[ ]	
[ ]	
[ ]	
[ ]	
[ ]	

NOTES

NOTES

Date: _____ / _____ / _____

Today I am grateful for...

1.

2.

3.

4.

I am...	Doodle of the Day

My goals for today:

☐ 1. ....

☐ 2. ....

☐ 3. ....

Time	Activity
:	
:	
:	
:	
:	
:	
:	
:	
:	
:	

Remember to...

☐

☐

☐

☐

☐

☐

Today I played...

NOTES

NOTES

Date: _____ / _____ / _____

Today I am grateful for...

1.

2.

3.

4.

I am...	Doodle of the Day

My goals for today:

☐ 1. ....

☐ 2. ....

☐ 3. ....

Time	Activity
:	
:	
:	
:	
:	
:	
:	
:	
:	
:	

Remember to...	Today I played...
☐	
☐	
☐	
☐	
☐	
☐	

NOTES

NOTES

Date: _____ / _____ / _____

Today I am grateful for...

1.

2.

3.

4.

I am...	Doodle of the Day

My goals for today:

☐ 1. ....

☐ 2. ....

☐ 3. ....

Time	Activity
:	
:	
:	
:	
:	
:	
:	
:	
:	
:	

Remember to...

☐

☐

☐

☐

☐

☐

Today I played...

NOTES

Date: _____ / _____ / _____

Today I am grateful for...

1.

2.

3.

4.

I am...

Doodle of the Day

My goals for today:

1. ☐
2. ☐
3. ☐

Time	Activity
:	
:	
:	
:	
:	
:	
:	
:	
:	
:	

Remember to...

☐

☐

☐

☐

☐

☐

Today I played...

NOTES

NOTES

Today I am grateful for...

1.

2.

3.

4.

I am...

Doodle of the Day

My goals for today:

☐ 1. ....

☐ 2. ....

☐ 3. ....

Time	Activity
:	
:	
:	
:	
:	
:	
:	
:	
:	
:	

Remember to...

☐ ....

☐ ....

☐ ....

☐ ....

☐ ....

☐ ....

Today I played...

NOTES

NOTES

Date: _____ / ____ / _____

1.

2.

3.

4.

I am...

Doodle of the Day

My goals for today:

- [ ] 1.
- [ ] 2.
- [ ] 3.

Time	Activity
:	
:	
:	
:	
:	
:	
:	
:	
:	
:	

Remember to...

- [ ]
- [ ]
- [ ]
- [ ]
- [ ]
- [ ]

Today I played...

NOTES

NOTES

Date: _____ / _____ / _____

Today I am grateful for...

1.

2.

3.

4.

I am...	Doodle of the Day

- [ ] 1.
- [ ] 2.
- [ ] 3.

Time	Activity
:	
:	
:	
:	
:	
:	
:	
:	
:	
:	

Remember to...	Today I played...
[ ]	
[ ]	
[ ]	
[ ]	
[ ]	
[ ]	

NOTES

Date: _____ / _____ / _____

Today I am grateful for...

1.

2.

3.

4.

I am...	Doodle of the Day

My goals for today:

☐ 1. ....

☐ 2. ....

☐ 3. ....

Time	Activity
:	
:	
:	
:	
:	
:	
:	
:	
:	
:	

Remember to...	Today I played...
☐	
☐	
☐	
☐	
☐	
☐	

NOTES

NOTES

Date: ___/___/___

Today I am grateful for...

1.

2.

3.

4.

I am...

Doodle of the Day

My goals for today:

☐ 1. ....

☐ 2. ....

☐ 3. ....

Time	Activity
:	
:	
:	
:	
:	
:	
:	
:	
:	
:	

Remember to...

☐ ....

☐ ....

☐ ....

☐ ....

☐ ....

☐ ....

Today I played...

NOTES

Date: _____ / _____ / _____

Today I am grateful for...

1.

2.

3.

4.

I am...

Doodle of the Day

My goals for today:

☐ 1. ....

☐ 2. ....

☐ 3. ....

Time	Activity
:	
:	
:	
:	
:	
:	
:	
:	
:	
:	

Remember to...

☐ ....

☐ ....

☐ ....

☐ ....

☐ ....

☐

Today I played...

NOTES

Date: _____ / _____ / _____

Today I am grateful for...

1.

2.

3.

4.

I am...	Doodle of the Day

My goals for today:

☐ 1. _____

☐ 2. _____

☐ 3. _____

Time	Activity
:	
:	
:	
:	
:	
:	
:	
:	
:	
:	

Remember to...	Today I played...
☐	
☐	
☐	
☐	
☐	
☐	

NOTES

NOTES

Date: _____ / _____ / _____

Today I am grateful for...

1.

2.

3.

4.

I am...

Doodle of the Day

My goals for today:

☐ 1. ....

☐ 2. ....

☐ 3. ....

Time	Activity
:	
:	
:	
:	
:	
:	
:	
:	
:	
:	

Remember to...

☐

☐

☐

☐

☐

☐

Today I played...

NOTES

NOTES

Date: _____ / _____ / _____

Today I am grateful for...

1.

2.

3.

4.

I am...	Doodle of the Day

My goals for today:

☐ 1. ....

☐ 2. ....

☐ 3. ....

Time	Activity
:	
:	
:	
:	
:	
:	
:	
:	
:	
:	

Remember to...

☐

☐

☐

☐

☐

☐

Today I played...

NOTES

Date: _____ / _____ / _____

Today I am grateful for...

1.

2.

3.

4.

I am...

Doodle of the Day

My goals for today:

- [ ] 1. ....
- [ ] 2. ....
- [ ] 3. ....

Time	Activity
:	
:	
:	
:	
:	
:	
:	
:	
:	
:	

Remember to...

- [ ]
- [ ]
- [ ]
- [ ]
- [ ]
- [ ]

Today I played...

NOTES

NOTES

"Let no one look down on you because you are young..."
1 Timothy 4:12a

www.ingramcontent.com/pod-product-compliance
Lightning Source LLC
Chambersburg PA
CBHW051215120626
46547CB00013B/1358